Isabelle Lafarge

Rêves de pandémie, pandémie de rêves

Isabelle Lafarge

Rêves de pandémie, pandémie de rêves

Éditions Vie

Imprint
Any brand names and product names mentioned in this book are subject to trademark, brand or patent protection and are trademarks or registered trademarks of their respective holders. The use of brand names, product names, common names, trade names, product descriptions etc. even without a particular marking in this work is in no way to be construed to mean that such names may be regarded as unrestricted in respect of trademark and brand protection legislation and could thus be used by anyone.

Cover image: www.ingimage.com

Publisher:
Éditions Vie
is a trademark of
Dodo Books Indian Ocean Ltd. and OmniScriptum S.R.L Publishing group
Str. Armeneasca 28/1, office 1, Chisinau-2012, Republic of Moldova, Europe
Printed at: see last page
ISBN: 978-613-9-59149-7

Rêves de pandémie, pandémie de rêves

J'ai un dîner d'affaires avec un client important, « un gros poisson ». En cuisine, un cuisinier – ou plutôt, d'après ce que je vois, un plongeur – tousse d'une manière très suspecte. Je finis par adresser mes inquiétudes à la serveuse. Elle déverse ses récriminations, me parle de beaucoup trop près, j'ai peur d'être infecté, je voudrais prendre de la distance.

Dans ses premières associations, Claudio fait part des réminiscences d'une période où il s'exhortait à « nager vers les gros poissons » pour s'extraire d'une relation amoureuse qui le faisait beaucoup souffrir. Aujourd'hui, il remporte un beau succès professionnel. Mais, dit-il, il craint toujours la contamination des relations toxiques. Pour des raisons liées à son histoire, le cuisinier-plongeur renvoie à son ancien amant avec lequel il a rendez-vous le jour même. Il craint le pire, s'exhorte à se concentrer sur son travail, mais pressent la catastrophe.

Ce rêve de Claudio, au tout début du mois de mars 2020, est le premier rêve lié à la pandémie qui m'ait été adressé. Un rêve dont je ne doutais pas, à ce moment qu'il était construit avec les matériaux de sa conflictualité psychique.

Puis la première vague de la Covid-19 s'est écrasée sur nous. D'autres rêves contaminés par le coronavirus se sont invités dans l'esprit de mes patients rêveurs, et dans le mien, faisant naître en moi le désir de les collecter et d'en interroger la spécificité. Ce désir prolongeait un intérêt déjà marqué pour les rêves collectifs liés à un contexte politique ou environnemental.

Depuis le 11 septembre 2001, et les travaux notamment d'Ernest Hartmann (2014) sur les cauchemars des Américains à la suite des attentats, les scientifiques de plusieurs grandes universités aux États-Unis et en Europe ont commencé à étudier les caractéristiques et les fonctions de ces rêves collectifs.

Une particularité importante des rêves produits pendant la pandémie que nous traversons est la rapidité avec laquelle ils ont été partagés sur les réseaux sociaux. A partir d'un certain nombre de rêves publiés sur des comptes twitter sur initiatives personnelles, les récits se sont multipliés créant une véritable communauté de rêveurs à l'échelle de la planète et plusieurs axes de recherchc.

Citons Deidre Barrett, de l'Université d'Harvard et directrice de la revue *Dreaming*, qui a lancé une enquête en ligne (2020) ; ou les chercheurs de l'Université d'Helsinki, qui ont utilisé l'intelligence artificielle pour analyser « plus facilement » le contenu des rêves (ils ont publié leurs résultats dans la revue *Frontiers in Psychology*, 2020). Mais le milieu artistique aussi s'est approprié cet intérêt : Le Museum of London, avec son projet « Guardians of Sleep » a eu l'idée de collecter les témoignages de l'impact mental de la pandémie en recueillant les rêves des londoniens. Ce ne sont que quelques exemples d'initiatives structurées qui côtoient un foisonnement d'articles de presse spécialisée mais aussi générale témoignant d'un véritable engouement pour les rêves intégrant dans leur contenu les impacts du virus.

Les pandémies virale et onirique ont la même toile de fond : un environnement où les humains, leurs virus et leurs pensées voyagent avec une rapidité jamais atteinte jusqu'ici. Tore Nielsen, psychiatre et directeur du Laboratoire des rêves et des cauchemars de Montréal a réfléchi à l'influence des médias et des réseaux sociaux sur les rêves (2020). Il est tout à fait possible, selon lui, que quelques premiers *posts* sur le sujet aient été massivement partagés en ligne, alimentant un récit sur les rêves de pandémie devenu viral. Ce récit aurait incité les dormeurs à se rappeler leurs songes et entrainé une multiplication des rêves de pandémie.

Cette proposition suggère un cas de contagion hystérique comme un autre, si ce n'est son amplitude. Mais les données des recherches anciennes et actuelles, croisées avec le fruit de l'expérience analytique, permettent d'envisager d'autres hypothèses que je vais tenter de formuler dans cet exposé. Le canevas théorique qui va me servir à lire les rêves sous l'angle de la pandémie emprunte à la fois à l'interprétation freudienne, postfreudienne, bionnienne et postbionnienne des rêves.

Quelques apports psychanalytiques à la compréhension des rêves

Les apports de Freud ont été largement discutés et parfois sévèrement critiqués par les générations suivantes d'analystes, mais ils contiennent souvent les germes des innovations ultérieures. Je ne vais en reprendre que quelques éléments essentiels pour cet article.

Freud a accordé beaucoup d'importance au travail du rêve comme déguisement, transformation d'un désir illégitime – désir sexuel, infantile, refoulé – qui prend ainsi une voie détournée pour être accepté par la conscience. Le rêve est construit à partir des matériaux issus de la veille : des perceptions qui semblaient n'avoir aucune importance ainsi que des préoccupations, désirs, soucis de la vie éveillée. Ils constituent un réservoir de représentations exclues de la conscience pour raison de commodité mais accessibles en cas de besoin. Ce réservoir, c'est le

Préconscient. Le rêve, dans cette première théorie, est une représentation figurée, déformée, du désir inconscient qui l'anime. Il réalise le désir du rêveur de manière hallucinatoire sans perturber son sommeil.

Mais Freud a révisé sa théorie à plusieurs reprises. En 1915, dans sa Métapsychologie, il précise que l'Inconscient n'est pas un espace caché, clandestin, une cave sur laquelle le rêve ferait office de soupirail. Il contient au contraire l'ensemble des représentations qui peuplent l'espace psychique. Et c'est la conscience qui est étriquée et ne permet qu'un aperçu partiel de cet ensemble. C'est une intuition qu'il ne développera pas mais que l'on retrouve e.a. dans les théorisations de Bion et de ses successeurs.

La deuxième théorie freudienne des rêves est bien connue : elle fait suite aux problèmes posés par les névroses traumatiques développées par les soldats ayant combattu durant premier conflit mondial. Dans les rêves de ceux-ci, le moment d'effroi resurgit indéfiniment à l'identique, ce qui remet en question le principe de plaisir sur lequel Freud avait fondé sa première théorie. La *gestion* selon le principe de plaisir implique que la quantité d'excitation soit liée à des représentations, puis des chaînes de représentations. Quand l'afflux énergétique déferle de manière inattendue et sauvage, c'est la charge fait effraction dans l' « organe psychique » et en menace l'intégrité. S'instaure alors la répétition compulsive dans laquelle la tentative de liaison, de maîtrise, se réédite sans cesse et réédite son échec. Selon Freud, l'organe psychique ne parvient pas à *gérer* l'afflux énergétique, à le lier, à l'écouler pour retrouver un fonctionnement apaisé. « La quantité ou plutôt les représentations qui la supportent demeurent dans l'organe psychique comme un corps étranger inassimilable ». Les rêves freudiens peuvent être qualifié d' « égoïstes » en ce sens qu'il concernent la vie intrapsychique du rêveur et uniquement celle-là.

Certaines configurations oniriques permettent de douter de la conception du rêve comme réalisation d'un désir, sans pour autant figurer un impact traumatique.

Ma nuit était remplie de rêves violents, me dit Sylvia. *Des effractions : viols, meurtres de psychopathes, Trump qui agresse des femmes. Curieusement, ces rêves-là m'ont fait davantage de bien que celui de la semaine dernière. Je rêvais alors de retrouvailles heureuses avec ma fille qui vit en Italie et que je ne verrai pas à Pâques à cause des mesures sanitaires. Ça m'a plongée dans une tristesse infinie au réveil. Aujourd'hui je ne me sens pas trop mal. Les choses ne sont pas si terribles que dans mes cauchemars.*

Faisons maintenant un détour par un recueil de rêves collectifs datant d'une sombre période de l'histoire contemporaine. Charlotte Beradt dans son livre « Rêver sous le IIIème Reich » a rassemblé des rêves fait par les citoyens allemands au moment où le totalitarisme s'instaurait dans l'Allemagne nazie. Elle y questionne l'impact du totalitarisme sur le psychisme tel qu'il est révélé à travers les rêves, mais aussi les rêves en tant que facteur de connaissance des sujets sur eux-mêmes. Elle se distancie des interprétations psychanalytiques des rêves comme figuration d'un conflit intrapsychique en cherchant à montrer qu'il existe des « rêves politiques » témoignant d'un conflit entre le moi et l'espace environnemental. Ces rêves manifestent à la fois de l'emprise du totalitarisme et de la résistance à celui-ci. Le citoyen allemand de cette époque qui, en rêve se dit : « Je ne dois plus toujours dire non » en est le paradigme. Par le fait même de rêver, les rêves sont un refuge pour la faculté de penser. Rêver qu'il est interdit de rêver c'est toujours transgresser l'interdit.

Charlotte Beradt parle de ces rêves comme « sismographes » : des surfaces d'enregistrement des événements politiques émanant d'une activité psychique involontaire. Ce qui peut conférer au rêve un caractère de prémonition, si pas de prophétie, d'avertissement de ce qui est en train de se tramer. Comme si le pouvoir de fiction de l'esprit avait inventé des schémas possibles à partir des symptômes à peine perceptibles. Ainsi la thèse centrale du livre c'est une réhabilitation du rêve comment moyen de connaissance.

A mon sens, cette conception ne doit pas être considérée comme non-analytique. Quand Beradt parle des micro-perceptions que les rêves sismographes enregistrent, cela renvoie précisément à l'intuition du Freud de 1915. En effet, la nature sismographique des rêves politiques peut être éclairée par la persistance de l'activité préconsciente dans le sommeil : le rêve peut pendant un temps très court contenir plus de perceptions que le psychisme éveillé ne peut ou ne veut en contenir par soucis de conformité sociale ou de moralité. D'autre part, Bion et ses successeurs développeront en profondeur une conception de la vie onirique comme moyen de connaissance. Citons déjà Donald Meltzer (Le Monde vivant des rêves, 1984) pour qui la figuration des émotions dans les rêves est le mode d'appréhension privilégié de la réalité, ou, plus proche de nous, notre collègue Michèle van Lysebeth (2001) qui a développé dans son livre « De Réel au rêve » la notion d'un Moi inconscient élaboratif capable de s'auto-symboliser, figurer les aspects inconscients de la rencontre analytique et aussi des impacts du réel.

Mais Beradt préfère passer par l'analyse des mécanismes d'assujettissement des individus par le régime totalitaire tels qu'Hannah Arendt les a développés, pour répondre à la question « en quoi les rêves sont susceptibles de révéler les arcanes de cette réalité ». Le totalitarisme cherche à instiller dans les esprits une réalité complètement délirante, au point que la fiction devient plus probable que le réel. Une folie artificiellement fabriquée qui impose l'existence d'une Vérité Supérieure dont le dirigeant totalitaire va administrer la preuve en travestissant la réalité elle-même. Les sujets se trouvent alors dans une position quasi schizophrénique où ce qui est éprouvé et ce qui est observé est clivé à l'intérieur de la même personne. Les mécanismes paranoïaques auto-tyrannisant défensifs de la psyché humaine qui se déploient dans le monde du rêve entrent en connivence avec les caractères délirants ou fictifs de l'extériorité elle-même. C'est l'hallucinose telle que les auteurs bionniens la concevront et sur laquelle je reviendrai.

De nombreux rêves de pandémie auraient été inimaginables ou auraient véhiculé un sens bien différent s'ils avaient été rêvés dans d'autres contextes.

Écoutons Léon.

Je suis dans un centre commercial – je fais la file à une caisse d'un magasin. La personne derrière moi est très proche et ne porte pas de masque et la vendeuse devant s'agite beaucoup. Elle ne porte pas de masque non plus. Je sors du magasin et là je découvre que personne n'a de masque. J'ai une montée d'angoisse. Moi non plus je n'en porte pas, mais je remonte mon foulard sur le bas de son visage, comme par réflexe. Je vois ma femme arriver, sans masque elle aussi. Elle me voit et me fait un signe avec ses mains qui signifie : hé oui c'est comme ça maintenant !

Dans les rêves de pandémie, on repère facilement la trace du vécu subjectif liés au contexte : l'insécurité due à l'absence de protection sanitaire ou politique ; le désarroi sous le bombardement d'informations contradictoires ; la dépersonnalisation des statistiques qui remplacent l'expérience ; l'isolement du au confinement, à la distanciation sociale et à la virtualisation des liens sociaux, etc.

Les rêves collectifs forment, selon le psychanalyste François Gantheret, un matériel précieux pour l'historien, qui lui permet de capter « l'air du temps ». Il témoigne d'un environnement particulier sur l'organisation et la tonalité de la pensée humaine à une certaine époque : « comme si on avait gardé dans un flacon scellé un parfum qui sans cela se serait depuis longtemps transformé, dégradé, voire évaporé ». Mais tout n'est pas pour autant dit. Car plus le rêve est saturé de préoccupations actuelles pesantes et justifiées, plus le désir inconscient va pouvoir s'y glisser subrepticement. Gantheret nous invite dès lors à chercher les indices infimes qui signalent sa présence derrière les élaborations secondaires contextuelles qui captent toute l'attention. Ces éléments discrets sont des trouées de lumière, d'ouverture et d'espoir qui peuvent relancer l'activité associative du sujet. La « trouée » dans le rêve de Léon serait-elle le choix du foulard ou la manière dont sa femme se signale à lui ?

Le psychanalyste doit à la fois entendre les traces de l'emprise dans le rêve et « la porte dissimulée », la braise à réanimer pour donner sa place et sa chance au désir, car le désir cst création entre deux êtres humains. Sinon, le psychanalyste se fait l'allié du réel oppressant.

Un rêve de Patricia. *Je suis dans la maison de ma mère. Mon frère est écarté, mis en quarantaine, il vit à l'écart de la maison. J'éprouve de la pitié pour lui. Ça me brise le cœur et je ressens de l'incompréhension devant cette situation. Mon frère était sur un chemin interdit, ce qui ajoutait de l'incompréhension et « de l'angoisse d'ignorance ».*

Patricia associe : « Enfant, je ne comprenais pas et ça me mettait mal à l'aise, il y avait quelque chose de caché. » Je mets l'aspect « mise en quarantaine » avec son inquiétude la semaine dernière quand nous avons convenu de continuer l'analyse par Zoom : est-elle la seule que je mette « en quarantaine » ? En effet, elle se questionne mais la curiosité est plus forte que le danger. Elle parle du plaisir qu'elle éprouvait enfant, à observer l'effet que faisaient ses prises de risques physiques sur sa mère, et aussi de sa curiosité pour son frère autiste, dans « son monde » à part. Les séances à distance la menacent de perdre sa place, de tomber dans l'oubli, le vide, d'être anéantie. Il faut alors « épater la galerie » et re-capter l'attention. Moi : « Faire en sorte que je ne vous perde pas de vue pour ne pas perdre votre place, ne pas vous effacer… » Elle : « Ne pas tomber dans l'oubli… Ça apporte le plaisir du jeu mais aussi une fatigue… En plus, la séance par Zoom, c'est plus fatiguant pour essayer d'être présent… C'est plus coûteux… »

Les travaux de René Kaës sur la polyphonie des rêves donnent une vision des rêves partagés qui s'inscrit dans la continuité de la pensée freudienne, en intégrant la première théorie du rêve comme production intrapsychique et en déployant les intuitions de la deuxième théorie freudienne des rêves. Pour l'auteur, le rêve apparaît comme étant à la fois une création individuelle égoïste et profondément tissée dans l'espace transféro-contre-transférentiel. Il a dégagé de ces données cette première hypothèse : à côté de *l'ombilic du rêve* qui plonge, selon Freud, dans le mycélium corporel, il existe un *second ombilic du rêve*, qui plonge dans l'inconscient des liens interpersonnels. En étudiant les rêves croisés dans la cure, Kaës a relevé les conditions et les processus selon lesquels s'effectue la mise en place d'un *espace onirique commun et partagé.* Il avance la notion de « polyphonie du rêve » : le rêve est travaillé par et dans une multiplicité d'espaces, de temps, de sens et de voix.

Les théories de Kaës permettent mieux de comprendre le sens et la fonction des rêves qui se partagent dans les groupes sociaux, notamment à partir d'une autre hypothèse, peu développée, celle d'un *troisième ombilic qui plonge dans la culture.* Cependant la question du cadre nécessaire pour la formation du rêve et son partage peut aussi être pensé à partir des métapsychologies bionniennes et post-bionniennes et la théorie du champ analytique et du tiers intersubjectif auxquelles je vais accorder maintenant mon attention.

Depuis Bion, le rêve n'est plus considéré uniquement à travers un contenu manifeste comme figuration d'un contenu latent inacceptable, mais au contraire il comprend une pensée en lui-même. Une pensée qui intègre davantage de perceptions internes et externes que la pensée consciente. Freud a surtout considéré les aspects négatifs du rêve (il dissimile, il défigure les contenus). C'est une position qu'il s'est senti obligé de soutenir à l'encontre de certaines de ses intuitions (celles de 1915, par exemple), afin d'asseoir sa théorie du rêve comme moyen de connaissance de l'inconscient. Bion lui, souligne les aspects positifs d'élaboration et de synthèse de l'expérience du rêve.

Dans lc modèle psychanalytique bionien, rêve de la nuit et rêverie s'entrelacent. La rêverie au sens de « rêver son patient » s'entend en analogie avec la capacité de « rêverie maternelle » ou ce que Bion appelle « la fonction-α ». Celle-ci permet de transformer les émotions inassimilables du nourrisson, appelées « éléments-ß », en éléments-α suivant un processus qui s'apparente à une « digestion psychique ». La fonction-α est active de jour comme de nuit dans le sommeil comme dans la veille. Dans son livre « Le rêve nécessaire » Giussepe Civitarese (2013) utilise la métaphore du cinéma : « Les rêves sont des "courts-métrages" qui illustrent la situation du paysage intérieur ».

Les séquences d'éléments-α sont comme des briques de lego qui se rassemblent à un premier niveau d'agrégation pour former les images oniriques qui engendreront ensuite les pensées. Les éléments-ß, au contraire, ne peuvent pas se lier les uns aux autres. Ces émotions indigestes sont comme des corps étrangers, bizarroïdes, en lien étroit avec le soma (on retrouve tout de même le corps étranger inassimilable de la théorie freudienne du rêve traumatique). Avec ce concept de fonction-α, Bion établit un lien progrédiant entre corporéité et proto-émotions, pictogrammes émotionnels, scènes de rêve, rêveries, pensée logico-déductive jusqu'aux formes les plus abstraites de la pensée humaine.

Cette théorisation prolonge la question de la frontière dedans-dehors ouverte par Freud. En effet, l'association des éléments-α forment ce que Bion appelle « la barrière de contact ». Il s'agit d'une membrane semi-perméable qui sépare l'inconscient du conscient et régule l'expression relative des deux espaces. S'il y a une pression excessive d'un des deux côtés de la barrière de contact provenant du monde interne ou de la réalité, le fonctionnement correct de la fonction-α est empêché. A la barrière de contact se substitue alors l'écran-ß, une membrane constituée d'éléments-ß, qui sépare hermétiquement le monde interne et l'extériorité.

En résultent deux souffrances psychiques : la psychose ou l'hallucinose. Dans la psychose, c'est le monde interne et ses fantasmes qui envahissent tout le champ de la psyché, coupant le sujet de la réalité. Dans l'hallucinose, le tout-réalité prédomine coupant le sujet de sa vie psychique, de son imagination, et de ses émotions. Un état de rêve sans réveil est un état d'hallucination et un état de veille sans rêve est un état d'hallucinose.

Voyons maintenant dans quel cadre se partagent ces rêves. L'espace du rêve bionnien est construit à partir d'une communication intersubjective. Et l'interprétation – si ce mot a encore du sens pour les intersubjectivistes – ne vise pas à traduire de l'inconscient vers le conscient mais à développer une compétence narrative de la psyché (Antonino Ferro a développé cet aspect). Le « parler-rêver » (Thomas Ogden, 2012) prime sur l'interprétation. C'est une expérience de syntonisation émotionnelle où analyste et patient recherchent un accord cognitif et affectif tout en étant conscient que les deux points de vue ne peuvent jamais totalement coïncider. Ce « parler-rêver » se révèle ainsi comme des moments de rencontre, de rêverie qui tournent la page, des issues pour des rêves récurrents et des cauchemars.

Au cours de la séance, le ventre d'Anaïs gargouille. Ça lui rappelle un rêve de cette nuit, qu'elle semblait avoir oublié. *Je me rends dans un hôpital, une infirmière me reçoit.* En l'écoutant je sursaute intérieurement car moi aussi j'ai rêvé d'infirmerie et d'infirmières cette nuit, ce que je garde pour moi bien sûr. Je l'écoute. *Je fais la file,* dit-elle. *Distance sociale oblige. Une femme essaie de me doubler dans la file, mais je la remets à sa place.* Moi, en mon fors intérieur je me sens identifiée à cette femme. Elle poursuit. *Je fais part de mon problème à l'infirmière. Douleur au ventre. Je reçois un sachet avec 500 petits comprimés de type Temesta. Au moment du paiement, l'infirmière m'invite tout de même à me faire tester, elle me fait un frottis nasal dont je dois aller chercher les résultats immédiatement dans un laboratoire très éloigné. Pas question, c'est trop loin, je m'en fous, je n'irai pas.*

Anaïs me reconnaît spontanément dans la femme qui la double. La question du paiement renvoie à une remarque ironique qu'elle a faite récemment: prendrez-vous encore mon argent avec la Covid ? De mon côté le souvenir de mon rêve me trouble. Je n'arrive pas encore à les entrecroiser, mais je me positionnais en défenseuse de la congrégation des infirmières face à des hommes médecins autoritaires. Un rêve très féministe à l'argumentation très séduisante ! Anaïs trouve que dans le rêve elle remet bien tout le monde à sa place, moi entre autres. En disant cela, elle se sent, d'un seul coup, très triste et très seule. Je dis : « Vous oscillez entre une bonne opinion de vos opinions et la terreur du bannissement… » Silence. Elle répète : « La terreur du bannissement, quelle belle expression, c'est tout à fait ça. » Je pense soudain que j'empiète sur son espace psychique avec mes formulations chocs et que je dois me mettre plus en retrait. Mes formulations convaincantes mêlées à l'inquiétude de leurs effets : c'est de cela dont il était question dans mon propre rêve ! Elle a raison de me remettre à ma place.

Pour les intersubjectivistes, la notion de champ analytique se substitue à celle du champ transféro-contre-transférentiel des freudiens, jugée trop connotée « intra-psychique ». Elle se complète de celle de « tiers intersubjectif » qui crée quelque chose de commun et de nouveau. Selon Thomas Ogden, le *tiers analytique intersubjectif* est une aire inconsciente partagée déterminante pour créer les symboles susceptibles de saisir les aspects jusque-là impensables du monde des objets internes de l'analysant. J'ajouterais : et de l'analyste !

Dans l'attention flottante, l'écoute de l'analyste est surtout tournée vers l'extérieur. Dans la rêverie elle se tourne aussi vers la psyché propre de l'analyste. Les rêveries sont, selon Ogden, les sondes les plus sensibles pour explorer le champ analytique, aire émotionnelle transpersonnelle qui se crée quand deux psychés se rencontrent.

Civitarese parle d'un modèle du fonctionnement des émotions comme si elles étaient « les pointes sensibles d'un sismographe » qui « enregistrent les vibrations minimes du corps immergé dans son milieu naturel » (p. 170). A à la différence des rêve-sismographes de Charlotte Beradt dont les pointes sensibles sont les *micro-perceptions*, le modèle bionnien privilégie les *émotions* comme niveau fondateur de tous les autres niveaux de complexité de la pensée. Une théorie de la conscience comme conquête évolutive parce qu'elle permet de discriminer les émotions, de valoriser celles qui sont créatives par rapport à celles qui sont automatiques et stéréotypées (p. 171).

Le grand renversement de perspective est le suivant : selon Freud, une fois traduit le rêve donne accès à l'inconscient. Pour Bion, il le crée. Le rêve est, selon cet auteur, la forme de pensée la plus profonde, celle avec laquelle nous réussissons à saisir la réalité selon plusieurs points de vue simultanés. Ce qui fait dire aux bionniens que le rêve n'est plus la voie royale pour connaître l'inconscient, mais bien pour connaître la réalité. L'action thérapeutique est dès lors ce qui permet un lien entre proto-émotion, proto-sensations et représentation afin de favoriser la capacité de penser, jusqu'aux opérations les plus abstraites.

Ça se passe dans une campagne désertée, où tout semble mort, me raconte Sylvain dans cette séance par Skype. *Je suis avec ma mère dans un engin, sorte de camping-car avec des chenilles au lieu de roues.*

Nous traversons des champs où il y a deux vaches faméliques, mais en même temps fortes, carrées. Ma mère est protectrice, m'appelle « mon chou ». Elle « sent quelque chose » dont elle veut me préserver. J'arrive dans une sorte de campement avec de grandes tentes. Ma mère veut m'empêcher d'enquêter, mais je découvre, derrière une bâche, un sac qui pend verticalement. C'est un cadavre.

Sylvain se réveille angoissé, se lève, va boire un verre et note ce rêve. Il n'a pas beaucoup d'associations si ce n'est qu'en ville « tout semble mort ». En parlant des vaches, il m'a vu sourire. Il se demande pourquoi. Il n'imagine rien sauf peut-être « le seul élément comique d'un rêve angoissant ». Je partage la raison de mon sourire : souvent quand mes patients rêvent de vache ça se rapporte à moi. Il rit : à cause de l'assonance de votre nom ? Quand après la séance j'ai noté ce rêve, j'ai écrit « mort » au lieu de « moi ». De fait il est question de son inquiétude pour ma fragilité, déplacée sur celle d'une amie qu'il admire et qui vient de lui annoncer qu'elle souffrait d'un cancer. Nous avons elle et moi le même âge. Je dis : une vache pour elle, une vache pour moi. Dans ce contexte où « les plus vieux sont fragiles », Sylvain ne se sent pas menacé pour sa propre santé, mais bien pour la mienne… et pour son travail artistique « non-essentiel ».

Hypothèses conclusives sur la fonction du partage des rêves pandémiques

L'épidémie de récits des rêves pendant cette période de pandémie, principalement lors de la première vague, peut avoir plusieurs fonctions suggérées par les différentes théories du rêve que nous venons de parcourir.

Dans une perspective freudienne et postfreudienne, ces rêves sont une tentative de *gestion* des afflux d'excitations extérieures par la liaison à des représentations. Et leur contenu manifeste est une élaboration secondaire construite sur des éléments de veille collectivement partagés. Ils contiennent cependant une tentative de résoudre un conflit intrapsychique par la réalisation ou la réhabilitation d'un désir sexuel infantile. L'élément bizarre du rêve, l'indice infime offre une perspective de s'extraire de l'accablement contextuel par la réanimation du désir qui est « création entre deux êtres humains »

(Gantheret), au sein d'un espace onirique commun et partagé dont l'ombilic culturel est le point de jonction (Kaës).

Dans une perspective bionnienne, ces rêves s'inscrivent dans le champ relationnel et pourraient être une rêverie commune à une vaste échelle favorisée par le métacadre des réseaux sociaux. Quand la fonction-α échoue à transformer ces éléments-ß, l'expression des deux espaces interne et externe n'est plus régulée. Le réel étrange entre en connivence avec les pires cauchemars de la position schizoparanoïde. Le monde environnant ressemble à un état de rêve sans réveil, l'hallucinose menace. Rêver et raconter son rêve serait une tentative de rétablir cette régulation. Par ce partage des émotions difficilement assimilables les rêveurs prennent connaissance d'une nouvelle fraction du réel afin d'essayer de s'adapter créativement à leur nouvel environnement.

A des nuances importantes près, les deux perspectives sous-tendent qu'un rêve est fait pour être narré, partagé. Mais il y a des différences fondamentales entre le récit d'un rêve fait à une foule anonyme et celui adressé à un analyste, qu'il soit interprétant ou « parlant-rêvant ».

Si un rêve est fait pour être raconté, il implique aussi qu'il soit reçu par un autre qui lui accorde de la valeur. Que le rêve figure un conflit interne, qu'il soit une tendance de représenter ses pulsions ou ses émotions, ou qu'il soit une manière d'appréhender, de penser un monde – interne ou externe – énigmatique, son travail n'aboutira qu'en présence d'un autre secourable, un *Nebenmensch*, qui n'a pas nécessairement toutes les réponses, mais qui profondément convaincu de l'importance des questions qui lui sont adressées.

Cette crise que nous traversons maintenant depuis un an nous a tous déstabilisés, a bousculé nos cadres et dans une certaine mesure a réduit l'asymétrie nécessaire à notre travail analytique pendant une période relative. Un effet collatéral m'est apparu dans le travail du négatif et dans la capacité à contenir et transformer la haine transférentielle quand l'analyse a été interrompue ou s'est poursuivie à distance. En début de crise surtout, les rêves ont été les contenants de l'angoisse et ont souvent figuré les destins du négatif ou la position schizoparanoïde : e.a. retournement contre le moi propre, inhibition ou formation réactionnelle par excès de sollicitude pour l'analyste ou au contraire déchaînement dans le passage à l'acte. Le processus analytique a connu des aléas mais s'est poursuivi, décalant parfois dans le temps l'élaboration nécessaire ou la digestion de ces effractions. L'analyste s'est, tant que faire se peut, porté garant de cette continuité grâce à son cadre interne et au rétablissement de la relation analytique au fil du temps et des événements.

Qu'en est-il des rêves « livrés à la multitude » ? Ils sont comme des bouteilles jetées à la mer, échouant dans le meilleur des cas sur les rivages scientifiques ou artistiques. Ils ont fait l'objet d'une narration collective, pénétrant par leur mycélium culturel dans la composition d'un parfum historique, un « air du temps », mais larguant leur point d'attache avec le corporel singulier, l'émotion personnelle qu'ils véhiculaient. Ils favorisent la mobilisation collective, nourrissent les grands espoirs de l'humanité, soutiennent les prises de consciences et l'intégration de la position dépressive afin de supporter l'adaptation créative de l'humain sur notre planète fragilisée par notre colonisation. Ils peuvent aussi contribuer à la réparation de la Terre-Mère-Environnement.

Encore faut-il que le négatif de ces rêves soit transformé en puissance d'action au service de la sollicitude. S'ils ne trouvent pas de réceptacle, de creuset pour cette transmutation, si les bouteilles ne rencontrent pas de destinataire et continuent à ballotter sur l'océan déchaîné, c'est le cauchemar d'une humanité toujours davantage paranoïaque et clivée qui risque de se répandre en marée noire dystopique.

Je termine par une rêverie où l'alcôve du champ analytique prend des allures de chantier écologique englobant des opérations minutieuses de grattage, brossage, rinçage des « galets psychiques » pour les dépolluer du film de pétrole dans lequel ils sont englués et les redéposer sur les rivages de notre conscience, les rendant propres à accueillir le fruit des marées de notre inconscient.

Isabelle Lafarge,

24 rue des Bannières

1150 Bruxelles

ilafarge@plumelibre.be

Documentographie

Bruneau, S. (2017), *Rêver sous le capitalisme*, Alter Ego Films et Michigan Films production, 63 min.

Bibliographie

Barett, D. (2020), *Pandemind Dreans Paperback*

Beradt, Ch. (1981), *Rêver sous le IIIe Reich,* Paris, Petite Bibliothèque Payot, éd. 2018

Civitarese, G. (2013) *Le Rêve nécessaire. Nouvelles théories et nouvelles techniques de l'interprétation en psychanalyse,* Montreuil, Ithaque, 2015

Freud, S. (1899) *L'interprétation du rêve,* Paris, Éditions du Seuil, 2010

Freud, S. (1915) *Métapsychologie,* Paris, Flammarion, 2019

Freud, S. (1920) *Au-delà du principe de plaisir,* Paris, Petite Bibliothèque Payot, 2010

Gantheret, F. (2002), postface à l'ouvrage de Beradt, Ch., *Rêver sous le IIIe Reich,* Paris, Petite Bibliothèque Payot, éd. 2018

Hartmann, E. (2014), *The Nature and Functions of Dreaming,* Oxford, OUP USA

Kaës, R. (2002) *La polyphonie du rêve. L'espace onirique commun et partagé,* Paris, Dunod.

Meltzer, D. (1984) *Le monde vivant du rêve. Une révision de la théorie et de la technique psychanalytique*, Meyzieu, Césura Lyon (éd. 1993)

Nielsen, T. (2020) The Covid-19 pandemic is changing our dreams in Scientific American, https://www.scientificamerican.com/article/the-covid-19-pandemic-is-changing-our-dreams/

Ogden T.H., (2005) *Cet art qu'est la psychanalyse. Rêver des rêves inrêvés et des cris interrompus*, Montreuil, Ithaque, 2012

Pesonen A.-K. et alt (2020) *Pandemic Dreams: Network Analysis of Dream Content During the COVID-1, in* Lockdown, Front. Psychol., 01 October 2020 https://doi.org/10.3389/fpsyg.2020.573961

Van Lysebeth-Ledent, M. (2001), Du Réel au Rêve, Paris, L'Harmattan

Table des matières

FSC
www.fsc.org
MIX
Papier | Fördert gute Waldnutzung
FSC® C083411

Kolibri 360 GmbH
Ferdinand-Jühlke-Straße 7
99095 Erfurt, Deutschland
produktsicherheit@kolibri360.de

Druck:
CPI Druckdienstleistungen GmbH
im Auftrag der
Kolibri 360 GmbH
Ferdinand-Jühlke-Str. 7
99095 Erfurt